W0012197

Lauter kleine Mutmacher

für

von

Bestell-Nr.: RKW 5030

© 2022 by Kawohl Verlag, 46485 Wesel

Titelfoto: Getty Images / by-studio
Illustrationen: Getty Images / GC402
Lektorat, Satz und Umschlaggestaltung:
RKW/ J. Dörr & U. Sündermann

Druck und Verarbeitung:
Drukarnia Dimograf, Bielsko-Biała, Polen

ISBN 978-3-86338-030-4   www.kawohl.de

Kleine Mutmacher für heute

Aufbauende Worte, die wohltun

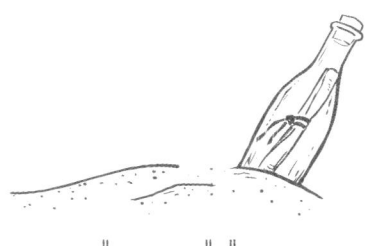

kawohl

Inhaltsverzeichnis

9

Vorwort

Seit vielen Jahren steht der Kawohl Verlag für Ermutigung in Text und Bild. Täglich begegnen uns beim Vorbereiten unserer Produkte Zeilen und Zitate, die das Herz mit einem Sonnenstrahl berühren. Gute Worte haben Kraft. Sie richten den Blick neu aus, bauen auf und begleiten in freudigen und schweren Momenten.

Mitten in der Corona-Krise beschlossen wir im April 2020, regelmäßig eine „Kleine Mutmacher-Mail" mit solchen guten Impulsen zu verschicken, um viele Menschen an unserem Reichtum guter Worte teilhaben zu lassen. Die meisten Texte stammen von unseren Kawohl-Autoren und wurden für Kalender, Karten und

Buchprojekte geschrieben. Es ist uns eine besondere Freude, diesen Schatz zu heben und die kostbaren Gedanken und Zusagen neu wirken zu lassen.

Auf die Mails haben wir eine Flut wunderbarer, dankbarer Reaktionen erhalten. Sie zeigen, dass die Mutmach-Texte einfach guttun. Oft hören wir, dass die Worte als persönlich und individuell passend empfunden wurden, weil sie in eine ganz konkrete Situation hineingesprochen haben. Und viele geben die Texte regelmäßig weiter an Menschen, die genau solche Ermutigungen brauchen.

Inzwischen ist bereits eine erste Buchausgabe der Texte erschienen. Ab dem Jahrgang 2022 gibt es einen Wand- und einen Postkarten-Kalender sowie Postkarten-Sets. Das vorliegende Buch stellt nun alle 2021 verschickten Texte und einige mehr zusammen und möchte Sie als kleiner Rückenwind durch den Alltag begleiten. Wir wünschen Ihnen von Herzen, dass Sie beim Lesen immer wieder neue Hoffnung und Kraft schöpfen. Geben Sie, wenn Sie mögen, die Ermutigungen weiter, z. B. auf Karten, in Briefen, als zugesprochenes Wort ... dann wird die Welt ein klein wenig heller und zuversichtlicher. Wir freuen uns darauf!

Ihr Kawohl Verlag

Übrigens:
Wenn auch Sie gerne unsere Kleine Mutmacher-Mail erhalten möchten, melden Sie sich unverbindlich und kostenlos an unter:

http://mailings.kawohl.de/f/135939-249699/

oder einfach über diesen QR-Code:

An Gottes Hand

Ich sagte
zu dem Engel,
der an der Pforte
des neuen Jahres stand:

Gib mir ein Licht,
damit ich sicheren Fußes
der Ungewissheit
entgehen kann.

Aber er antwortete:

Geh nur hin
in die Dunkelheit,
und leg deine Hand
in die Hand Gottes!

Das ist besser
als ein Licht
und sicherer
als ein bekannter
Weg.

NACH MINNIE L. HASKINS

17

Geschenke

Möge das Jahr dich
mit seinen Geschenken beglücken:

Mit den Veilchen des Frühlings,
mit dem Bienengesumm des Sommers
und den rotwangigen Äpfeln des Herbstes.

Der Winter aber schenke dir
die Früchte der Stille für die Seele.

Möge der Mond dir
durch sein Licht bekunden,
dass nach mageren
wieder volle Tage kommen.

IRISCHER SEGENSWUNSCH

Grenzenlos hoffen

Wenn schon die Illusionen
bei den Menschen
eine so große Macht haben,
dass sie das Leben
in Gang halten können
– wie groß ist dann erst
die Macht, die eine
begründete Hoffnung hat?

Deshalb ist es
keine Schande,
zu hoffen,
grenzenlos zu hoffen!

DIETRICH BONHOEFFER

Licht und Leben

Gott ist Licht

zuverlässig da
wo das Dunkel
sich breit macht

Licht und Leben
in all den Momenten
wenn die Angst
nach dir greift

sein Licht
spendet Wärme
und Geborgenheit

wenn du
in dir selber
kein Zuhause
mehr findest

er ist Licht
- er ist da
darauf
darfst du
zählen

PETRA WURTH

Du bist ein Hoffnungsträger

Ich wünsche dir ein Lächeln,
das seinen Wohnsitz
in der Seele hat,
dich beschenkt,
beflügelt,
leicht und
fröhlich macht.

Ein Lächeln,
das dein müdes Herz
erfrischt,
deine starre Haltung
aufweicht,
dich tief im Innern
berührt
und dir Zuversicht
und Hoffnung
zu schenken vermag.

Menschen,
die mit ihrem
liebevollen Lächeln
nicht sparen,
sind Mutmacher,
Segnende
und Hoffnungsträger.

Sie machen die Welt
um so viel
reicher und bunter.

Schenke auch du
dem anderen
dein einzigartiges,
unverwechselbares,
wundervolles Lächeln!

DORO ZACHMANN

Auf festem Boden

Der Gott aber,
der euch seine Gnade
auf jede erdenkliche Weise
erfahren lässt
und der euch
durch Jesus Christus
dazu berufen hat,
an seiner ewigen
Herrlichkeit teilzuhaben,
auch wenn ihr jetzt
für eine kurze Zeit
leiden müsst –

dieser Gott wird euch
mit allem versehen,
was ihr nötig habt;
er wird euch
im Glauben stärken,
euch Kraft verleihen
und eure Füße
auf festen Boden stellen.

Ihm gehört die Macht
für immer und ewig.
Amen.

1. PETRUS 5,10-11

Glaube, Liebe, Hoffnung

Der Segen Gottes sei mit dir,
um deinen Glauben zu stärken,
so dass er dir auch
schwere Zeiten erleichtert.

Der Segen Gottes sei mit dir,
um deine Hoffnung zu festigen,
so dass sie dir auch in Dunkelheit
als Licht leuchtet.

Der Segen Gottes sei mit dir,
um deine Liebe zu beleben,
so dass du Gott lieben kannst
und deinen Nächsten wie dich selbst.

HARALD PETERSEN

Verwurzelt im Segen

Der barmherzige Gott segne dein Leben.
Er lasse dich wachsen und gedeihen
wie einen Baum.

Gott schenke dir Wurzeln,
die tief im Leben gründen
und dich aus der Quelle
des Gottvertrauens speisen.

Gott verleihe dir Standfestigkeit;
einen Stamm, der den
Stürmen des Lebens widersteht.

Trotzig und getrost
wachse zum Himmel empor.
Gott lasse die Sonne scheinen über dir,
er gebe dir Wärme und Weite.

REINHARD ELLSEL

Gesehen, geliebt, gehalten

Ob ich gehe oder liege, du siehst es,
mit all meinen Wegen bist du vertraut.
Ja, noch ehe mir ein Wort über die Lippen
kommt, weißt du es schon genau, Herr.

Von allen Seiten umschließt du mich
und legst auf mich deine Hand.
Ein unfassbares Wunder
ist diese Erkenntnis für mich;
zu hoch, als dass ich es je begreifen könnte.

Wohin könnte ich schon gehen,
um deinem Geist zu entkommen,
wohin fliehen,
um deinem Blick zu entgehen?

Wenn ich zum Himmel emporstiege
– so wärst du dort!
Und würde ich im Totenreich
mein Lager aufschlagen
– dort wärst du auch!
Hätte ich Flügel und könnte mich
wie die Morgenröte niederlassen
am äußersten Ende des Meeres,
so würde auch dort
deine Hand mich leiten,
ja, deine rechte Hand
würde mich halten!

Und spräche ich:
„Nur noch Finsternis soll mich umgeben,
und der helle Tag um mich her
soll sich verwandeln in tiefste Nacht!",
dann wäre selbst die Finsternis
nicht finster für dich,
und die Nacht würde leuchten wie der Tag.
Ja – für dich wäre tiefste Dunkelheit
so hell wie das Licht!

PSALM 139,3-12

Ein Leben voll Wunder

Ich wünsche dir von Herzen
Gottes Wunder in deinem Leben,
die kleinen und die großen,
und dass Gott dir Augen schenkt,
die seine Wunder erkennen können.

Ich wünsche dir
ein fröhliches Herz,
große Gelassenheit
und ein ganz tiefes Aufatmen
am Herzen und im Licht Gottes.

Du bist in Gottes Hand.

SUSANNE SCHUTKOWSKI

Gott allein genügt

Lass dich nicht ängstigen,
nichts dich erschrecken.

Alles geht vorüber.

Gott allein bleibt derselbe.

Wer Gott hat, der hat alles.

Gott allein genügt.

TERESA VON ÁVILA

Geh deinen Weg

Nichts auf der Erde
kann dich je trennen
von seiner Liebe,
von seiner Treue.
Schau nur auf Jesus,
immer auf's Neue. Folge ihm.

Er kennt das Dunkel,
weiß um die Sorgen,
schenkt neue Hoffnung,
segnet dein Morgen.
Schau nur auf Jesus,
er tut dir gut.
Vertraue ihm.

Geh deinen Weg.
Jesus geht mit!
Er ist dir treu,
macht Zerbrochenes neu,
völlig neu!

Ja, Jesus,
dein Herr,
liebt dich so sehr,
reicht dir die Hand,
führt dich
auf weites Land.

Sören Kahl

Unendliche Liebe

Unendlich
wie der Himmel
ist Gottes Liebe
für dich

einfallsreich und bunt -
kraftvoll und zärtlich

auf tausend Arten
zeigt er dir täglich
dass du einzigartig bist

lass es zu
dass seine Liebe
dein Herz berührt

schöpfe Kraft
aus dem Unerschöpflichen

lass seine Freude
einziehen in dein Herz
und deine Dunkelheit
vertreiben

fühl dich geliebt
umsorgt
gehalten

wenn Gott
für dich ist
wer könnte
gegen dich sein

PETRA WÜRTH

Endlich frei

Mit einem Mal stehst du auf
aus der Sklaverei
deiner Menschenfurcht:

Ich darf alles!
Ich muss gar nichts!

Freundliche Rücksichtnahme
ist dir so selbstverständlich
wie die Beachtung
der Zehn Gebote,
die Gott
mit den Worten eröffnet:

Ich habe dich befreit!

Mit neuem Schwung
gehst du in den Tag;
in den Spuren von Jesus,
der auferstanden ist.

REINHARD ELLSEL

Alles ist erlaubt –
aber nicht alles nützt.
Alles ist erlaubt –
aber nicht alles baut auf.
Denkt dabei nicht an euch selbst,
sondern an die anderen.

1. KORINTHER 10,23-24

Das große JA

Auf deinem Leben steht das große JA,
gesprochen über dir vor allen Zeiten.

Und der es sprach, sagt:
Ich bin für dich da!
Will dich durch Licht
und Dunkelheit begleiten.

So geh gestärkt mit Mut,
voll Zuversicht getrost
in jedes neue Morgen

und sei in ihm
in alle Ewigkeit
gehalten, getröstet
und geborgen.

<small>RUTH HEIL</small>

Heute glücklich

Nach seinem heiligen Willen
möge dieser Tag
ein unverzichtbarer Teil
deines Lebens sein.

Nach seinem heiligen Willen
mögen deine Beziehungen
dich reich und glücklich machen.

Nach seinem heiligen Willen
möge dein Glaube
wachsen und Gott ehren.

So segne dich der heilige Gott.

HARALD PETERSEN

Trost und Heilung

Ihre Wege
habe ich gesehen,
aber ich will sie heilen
und sie leiten
und ihnen wieder
Trost geben;

und denen,
die da Leid tragen,
will ich Frucht der Lippen schaffen.

Friede, Friede
denen in der Ferne
und denen in der Nähe,
spricht der Herr;
ich will sie heilen.

JESAJA 57,18-19

Rückenwind

Ich wünsche dir Rückenwind,
dass du spüren
und erleben darfst:

Es geht vorwärts,
du bekommst Auftrieb,
dein Vorhaben gelingt!

Es gibt kaum ein schöneres Gefühl,
als die Bestätigung,
am richtigen Platz zu sein
und das Ziel
in greifbarer Nähe zu haben.

Möge Gott dich reich segnen!

Doro Zachmann

Ein Weg voller Chancen

Möge dein Weg
dir Erfahrungen
bescheren
die dich lehren,
dem Leben zu trauen.

Möge dein Weg
gesegnet sein
und mögest du
Segen sein
für jene,
die eine Strecke
mit dir gehen.

Mögest du
die Unebenheiten
als Chance
zum Wachstum

und das Hinfallen
als Aufforderung
zum Aufstehen
begreifen.

Mögest du
aufrecht gehen
aufgerichtet
zwischen
Himmel und Erde.

PETRA WURTH

Mein Friede bist nur du

Der Tag geht hin,
die Nacht bricht an
und meine Sinne suchen Ruh.
Versagen und Gewinn,
ich gebe es nun dran,
mein Friede bist nur du.

Vertreib aus mir,
was ängstet mich
und stelle sichre Wacht.
Ich geb mich dir,
vertraue ganz auf dich,
dem Hüter meiner Nacht.

Halt deine Hand
auch über Menschen,
die ich von Herzen liebe.
Sei über jedem Land,
Gott ohne Grenzen,
für alle Welt der Friede.

Den neuen Tag
erwart ich gern
und habe guten Mut.
Du hast mir Treue zugesagt,
bist keine Stunde fern,
mein Gott, du bist mir gut.

JOHANNES HANSEN
ZU PSALM 4

Begeistert und bevollmächtigt

Gott, der Vater,
segne dich
mit himmlischen Gaben
für deine irdischen Aufgaben.

Jesus Christus, der Sohn,
beschenke dich
mit ewiger Perspektive
trotz deiner zeitlichen Begrenztheit.

Der Heilige Geist
erfülle dich
mit göttlicher Vollmacht
in deiner menschlichen Ohnmacht.

HARALD PETERSEN

Lass deine Angst los

Lass deine Angst los
und finde
deinen Mut

entdecke
was dein Leben
reich macht
und steh dafür ein

Gott geht
alle Wege mit

Er lässt dich
Segen spüren
und Segen sein
verlass dich auf ihn
und finde deinen Kurs

PETRA WURTH

Unter der Hand

Du legst die Hand mir auf die Schulter,
bist wie ein Freund und sprichst mit mir,
begleitest mich durch dunkle Stunden.
Für morgen öffne mir die Tür!

Du legst die Hand mir auf den Rücken,
den schwere Lasten mir verkrümmt,
nimmst meine Sorgen, die mich drücken.
Herr, trage was die Hoffnung nimmt!

Du legst die Hand mir auf die Füße,
als Diener kniest du dich herab
und tauchst sie in die Wasserschüssel.
Herr, wasch den Schmutz von ihnen ab!

Du legst die Hand mir auf die Hände,
die müde und so kraftlos sind,
damit sich auch mein Schicksal wende.
Mach du aus mir ein Gottes Kind!

Du legst die Hand mir auf die Ohren,
vor lauter Lärm sind sie ganz taub.
Ich fühlte mich schon ganz verloren.
Herr, sprich mich an! Hilf, dass ich glaub!

Du legst die Hand mir auf die Augen,
die, blind vor Tränen, nichts mehr seh'n,
und öffnest sie für neuen Glauben.
Lass mich getrost nach vorne geh'n!

Du legst die Hand mir auf die Stirne
und neue Kraft strömt in mich ein.
Dein Segen zeigt mir deine Sterne.
Herr, lass auch mich ein Segen sein!

REINHARD ELLSEL

Durch den Sturm

Ich wünsche dir Halt,
gerade in Zeiten,
in denen du
das Gefühl hast,
dass dir der Boden
unter den Füßen wegbricht.

Wenn Menschen
nicht halten,
was sie versprochen haben,
wenn nichts mehr ist,
wie es einst war,
wenn die Zukunft
im Dunkeln liegt
und keiner dir sagen kann,
wie es weitergeht.

Ich wünsche dir,
dass du erleben darfst,
dass dir dein kleiner Glaube
an einen großen Gott
Halt, Sicherheit
und Geborgenheit gibt.

Gott hat dir
kein Leben ohne Stürme
versprochen,
aber er hat fest zugesagt,
auch in jedem Lebens-Sturm
an deiner Seite zu sein
und dich festzuhalten.

DORO ZACHMANN

Dankbar durchhalten

Wer auf das Gute schaut,
wird immer einen Grund
zum Danken finden.
Und der Dankbare
lebt leichter.

Das Schwere aber
lässt sich nicht
einfach ignorieren.

Doch am Schweren
kannst du lernen
durchzuhalten,
nicht aufzugeben
und nicht zu verzweifeln.

<small>Ruth Heil</small>

52

Gute Nachrichten
für dich

Ein Mut machendes Wort,
wenn alles gegen dich ist,
wenn du ohne Hoffnung bist,
eine erfreuliche Nachricht,
die dein Herz wieder jubeln lässt,
wünsche ich dir von Herzen,
gerade dann,
wenn du es
am nötigsten hast!

SUSANNE SCHUTKOWSKI

Das Wunder
der Perle

Man erzählt sich die Geschichte
einer Perle hier am Strand.
Sie entstand in jener Muschel
durch ein grobes Körnchen Sand.
Es drang ein in ihre Mitte
und die Muschel wehrte sich.
Doch sie musste damit leben
und sie klagte: Warum ich?

Eine Perle wächst ins Leben,
sie entsteht durch tiefen Schmerz.
Und die Muschel glaubt zu sterben,
Wut und Trauer füllt ihr Herz.
Sie beginnt es zu ertragen,
zu ummanteln dieses Korn.
Nach und nach verstummt ihr Klagen
und ihr ohnmächtiger Zorn.

Viele Jahre sind vergangen,
Tag für Tag am Meeresgrund
schließt und öffnet sich die Muschel.
Jetzt fühlt sie sich kerngesund.
Ihre Perle wird geboren.
Glitzert nun im Sonnenlicht.
Alle Schmerzen sind vergessen,
jenes Wunder jedoch nicht.

Jede Perle lehrt uns beten,
hilft vertrauen und verstehn,
denn der Schöpfer aller Dinge
hat auch deinen Schmerz gesehn.
Nun wächst Glaube, Hoffnung, Liebe,
sogar Freude tief im Leid.
So entsteht auch deine Perle,
sein Geschenk für alle Zeit.

Sören Kahl

Engelsgeduld

Ich wünsche dir Engelsgeduld,
mit den anderen,
aber auch mit dir selbst.

Wie schnell
wird man ungehalten
und genervt,
hätte gerne alles
ein wenig schneller
und besser,
genauer
und perfekter.

Aber auch der andere
ist nur ein Mensch
und macht genauso Fehler
wie wir.

Er hat sein eigenes Tempo
und seine eigene Art,
seine eigenen
Gedanken und Werte,
setzt Prioritäten nun mal anders
und teilt vielleicht
nicht unsere Meinung.

Und:
Er hat alles Recht dazu!

Geduld und Barmherzigkeit
sind da wahre Schlüssel
im Umgang miteinander.

Auch mit sich selbst!

Doro Zachmann

Zeit für eine Pause

Gedanken
in die Pause
schicken

heute
jetzt

nur
den Augenblick
spüren
und genießen

einatmen
ausatmen

sonst nichts

PETRA WURTH

Umhüllt von Segen

Der Herr sei vor dir,
um dir den rechten Weg zu zeigen.

Der Herr sei neben dir,
um dich in die Arme zu schließen
und dich zu schützen.

Der Herr sei hinter dir,
um dich zu bewahren
vor der Heimtücke böser Menschen.

Der Herr sei unter dir,
um dich aufzufangen, wenn du fällst.

Der Herr sei über dir,
um dich zu segnen.

IRISCHER SEGENSWUNSCH

Tiefer als die Angst

Ich wünsche dir
den Frieden Gottes,
der alles Denken übersteigt.

Dann leuchtet
die Kraft Gottes
bis in dein Fühlen hinein.
Dann ist dein Vertrauen
tiefer als die Angst,
die Hoffnung
größer als die Resignation,
die Vergebung
stärker als die Verletzung,
und die Liebe
lässt das Eis
der Bitterkeit schmelzen.

RUTH HEIL

Wie Sand am Meer

Ich schreibe
in den Sand meines Lebens,
der zwischen meinen Fingern zerrinnt:

Danke, Gott,
für jedes einzelne Sandkörnchen.
Ich habe Dich lieb!

Und die Sonne scheint
auf meine geöffnete Hand.

REINHARD ELLSEL

Sonne, Wind und Regen

Die Sonne
erhelle deinen Tag
und dein Herz.

Der Wind
wehe durch dein Leben
und lasse dich atmen.

Der Regen
erfrische dich und spüle
den Staub von der Seele.

So segne dich Gott,
dein Schöpfer und Herr.

HARALD PETERSEN

Sturmfreier Hafen

Der große
Zufluchtshafen des Himmels
ist das beständige Gebet.

Tausende von Schiffen,
von Stürmen gezeichnet,
haben dort Zufluchtsort gefunden.

Wenn ein Sturm aufkommt,
tun wir gut daran,
mit vollen Segeln
darauf Kurs zu nehmen.

CHARLES HADDON SPURGEON

Die neue Sintflut

Gott sprach zu Noah:
Siehe, ich richte mit euch einen Bund auf,
dass hinfort keine Sintflut mehr
kommen soll, die die Erde verderbe.
1. MOSE 9, 9-10.11

So etwas hatte die Welt noch nicht gesehen:
Eine gewaltige Flut, die alles Leben vernich-
tete. Warum? Weil alles „voller Frevel" war.
So übersetzt Luther.
Der Schöpfer beerdigt seine Schöpfung. Nur
ein kleiner handverlesener Rest überlebt.
Aber als endlich alles vorbei ist, beginnt alles
noch einmal von vorn. Alles auf Anfang. Und
Gott verspricht, „dass künftig keine Sintflut
mehr kommen soll." Und als eine Art Siegel
für diesen Bund setzt er den Regenbogen in
die Wolken.
   Ich lese die Geschichte, und ich schaue
in den Himmel, und ich sehe den

Regenbogen, und ich staune - und fürchte mich trotzdem. Denn Klimaforscher prophezeien seit Jahren eine neue Sintflut. Diesmal nicht gottgemacht, sondern menschengemacht.

Gilt die Zusage Gottes dennoch? Ich will es glauben. Und gleichzeitig nach Kräften mithelfen, dass es soweit nicht kommt.

Gott ist vertragstreu. Der Regenbogen steht noch in den Wolken. Aber wird er uns Menschen hindern, von unserer Seite aus einseitig diesen Vertrag zu kündigen?

Doch dann denke ich an den neuen Vertrag, den er mit seiner Schöpfung geschlossen hat. Einen Vertrag der Liebe und des Erbarmens. Sein Zeichen ist das Kreuz, an dem Jesus für die Schuld der Welt gestorben ist. Und ich schiebe die Welt und die Menschen und mich unter dieses Kreuz. Und tanke Gottvertrauen, Hoffnung und Mut. Und mache mich an die Arbeit. Alles auf Anfang!

JÜRGEN WERTH

Neue Lebenskraft

Wag es, und die Welt ist dein!
Eine neue Welt gestalte
wenn in Trümmern liegt die alte,
ohne Trost und Hoffnungsschein.
Rege dich – und schalte und walte!
Neue Lebenskraft entfalte!
Wag es, froh und frei zu sein!

Lerne dulden und ertragen,
lern im Unglück nicht verzagen!
Wag es, frei und froh zu sein!
Auch in diesen trüben Tagen
ist ein Glück noch zu erjagen!
Wag es – und die Welt ist Dein.

HOFFMANN VON FALLERSLEBEN

Die Macht
der Liebe

Du bist wirklich nicht alleine,
Jesus reicht dir seine Hand.

Folg dem Kompass seiner Worte,
er führt dich auf neues Land.

Du darfst staunen,
glauben, wissen,
dass Gott deine Rettung ist.

Glaube an die Macht der Liebe,
die auch dich
niemals vergisst.

SÖREN KAHL

Ich bin bei dir

Fürchte dich nicht, ich habe dich befreit!
Ich habe dich bei deinem Namen gerufen,
du gehörst mir!

Musst du durchs Wasser gehen,
so bin ich bei dir;
auch in reißenden Strömen
wirst du nicht ertrinken.

Musst du durchs Feuer gehen,
so bleibst du unversehrt;
keine Flamme
wird dir etwas anhaben können.

Denn ich bin der Herr, dein Gott;
ich, der heilige Gott Israels,
bin dein Retter.

JESAJA 43,1-3

Überblick gewinnen

Der gnädige Gott
lasse sein Licht
über dir aufgehen,

er helfe dir auf
und verschaffe dir
Überblick,

er segne dich
von Mensch zu Mensch
und sei selbst
an deiner Seite.

HARALD PETERSEN

Mut haben!

Wachet, steht im Glauben,
seid mutig und seid stark!
1. KORINTHER 16,13

André Gide, der französische Schriftsteller
und Literaturnobelpreisträger, stellte fest:
„Man entdeckt keine neuen Erdteile, ohne
den Mut zu haben, alte Küsten aus dem
Augen zu verlieren."
Der Mutige lässt Altes zurück, er lässt die
Vergangenheit ruhen und ergreift neue
Möglichkeiten. Theodor Fontane drückte es
so aus: „Zwischen Hochmut und Demut steht
ein Drittes, dem das Leben gehört, und das ist
einfach der Mut."
Gott ist mein Mutmacher, er schenkt mir die
Kraft, dass ich wieder leben kann. Er schenkt
mir den Mut, dass die Sonne wieder scheint,
durch alle Wolken hindurch. Christen

haben eine Kraft, die jede Energiekrise über-
dauert. Christen haben einen Mutmacher, der
keine endlose Resignation zulässt.

Mut ist die Angst,
die gebetet hat.
Mut ist die Kraft,
gegen Sorgen
und Kummer anzugehen.

Mut ist die Hoffnung,
die aus Tränen Freude macht.
Mut ist die Freiheit,
gegen den Zeitgeist
Farbe zu bekennen.

Herr, wir bauen auf deine „Mutspritze",
um der Resignation
und der Angst zu begegnen.

Amen

REINHOLD RUTHE

Bleib gesund

Gott erhalte dich gesund
und gebe deinen Händen Arbeit.

Mögen die,
die in deinem Hause
um dich versammelt sind,
den Segen deiner Gesundheit
und die Früchte deiner Arbeit
zu spüren bekommen.

IRISCHER SEGENSWUNSCH

Mit einem Lächeln durch den Tag

Dein Leben
sei gesegnet,
deine Tage fröhlich.

Dein Körper
und deine Seele
seien geschützt
und geborgen.

Ein Lächeln
begleite deinen Tag.

SUSANNE SCHUTKOWSKI

Sei außergewöhnlich

Wer sagt,
was machbar ist?

Wer bestimmt,
ob man die Dinge
so oder so
handhabt?

Du möchtest es
anders machen,
spürst neue Impulse,
die dir ungewöhnlich
erscheinen.

Wage das Außergewöhnliche,
von dem andere
vielleicht sagen,
dass es verrückt sei.

Deine Idee
kann der Anfang
einer neuen Epoche sein.

Was immer es ist,
wage es!

Wage etwas Neues!

ANKE WILL

Nie zu spät

Du, Gott,
bist mein sicherer
Zufluchtsort,
mein Schutz
in Zeiten der Not.

Wohin ich mich
auch wende
- deine Hilfe
kommt nie zu spät.
Darüber juble ich
vor Freude.

Du hast zu mir gesagt:

„Ich will dich
unterweisen
und dir den Weg zeigen,
den du gehen sollst.

Ich will dich beraten
und immer
meinen Blick
auf dich richten."

Freut euch
über den Herrn
und jubelt laut,
die ihr nach seinem Willen lebt!

Ihr alle,
deren Herz aufrichtig ist,
singt vor Freude!

PSALM 32,8-9+11

Neue Chance

Dein Leben
ist nicht
dem Zufall
überlassen.

Du darfst dich
geborgen wissen
in der Hand Gottes.

Er trägt
und hält dich.

Wo du
eine Chance
vertan hast,
eröffnet er dir
neue Wege.

Wo sich
eine Tür schließt,
öffnet sich eine neue.

Hab Mut!
Lass dich ein
auf seine
Liebe
zu dir.

PETRA WÜRTH

Das ist Leben!

Zu wissen,
dass man es nicht
schaffen wird;

zu wissen,
dass man nicht
überall sein kann;

zu wissen,
dass man nicht
immer die richtigen
Worte findet;

zu wissen,
dass man
versagen wird;

zu wissen,
dass man
trotzdem
geliebt und
angenommen ist

und so freudig
den neuen Tag beginnen
und bereit sein,
ihn zu erleben.

Das ist Leben!

REINHARD ELLSEL

Abflugbereit

Mir war,
als hörte ich Gott flüstern:

„Es ist an der Zeit,
deine Flügel auszubreiten
- flieg los!
Das Leben wartet auf dich!
Hab den Mut,
Neues zu wagen.

Glaub mir,
ich hab noch
viel mit dir vor.
Vertrau mir ganz.

Breite die Flügel aus,
die ich dir
habe wachsen lassen,
und flieg!

Hab keine Angst!

Ich bin der Wind,
der dich trägt."

DORO ZACHMANN

Nicht das Letzte

Die Nacht wird nicht ewig dauern.
Es wird nicht finster bleiben.

Die Tage, von denen wir sagen,
sie gefallen uns nicht,
werden nicht die letzten Tage sein.

Wir schauen durch sie hindurch
vorwärts auf ein Licht,
zu dem wir jetzt schon gehören
und das uns nicht loslassen wird.

Das ist unser Bekenntnis.

HELMUT GOLLWITZER

Niemand ist wie du

Mögest du
immer neu erkennen,
dass über deinem Leben
eine gute Bestimmung liegt.

Gott selbst
rief dich ins Leben.

Jeder Atemzug
soll dir ein Zeichen sein,
dass er dir lebendigen Odem einhauchte.

Mögest du immer neu begreifen,
wie wichtig es ist,
dass du da bist
und dass es niemanden gibt
wie dich.

RUTH HEIL

Neues anfangen

Der Herr helfe dir,
gute Werke
zu Ende zu bringen.

Er gebe dir
neue Ideen,
um Menschen zu begeistern.

Er lasse
himmlische Kräfte
auf dich kommen,
um dich zu stärken.

Er beschenke dich
mit Geduld,
um Schritt für Schritt
voranzugehen.

Er gebe dir
Ausstrahlung
durch das Wirken
des Heiligen Geistes.

Er belohne
dein Vertrauen
durch reichen Segen
und motiviere dich,
zu seiner Zeit
Neues mit ihm
anzufangen.

HARALD PETERSEN

Du bist bei mir

Du bist bei mir an diesem Tag,
an dem ich um mich seh
und nach der Zukunft für mich frag,
in die ich morgen geh.

Du bist bei mir vom ersten Tag,
als ich das Leben sah.
Und was ich kaum begreifen mag:
Schon vorher warst du da.

Du bist bei mir in guter Zeit,
wenn alles in mir lacht
und selbst die größte Schwierigkeit
mir keine Sorgen macht.

Du bist bei mir im dunklen Tal,
wenn alles nicht mehr stimmt
und selbst das Leichte wird zur Qual,
weil mich ein Kummer krümmt.

Du bist bei mir in Ewigkeit,
auf mir dein Auge ruht.
Ich glaub an dich in jeder Zeit:
Du meinst und machst es gut.

REINHARD ELLSEL

Hindernisse überwinden

Ja, du, Herr,
bist meine Leuchte;
der Herr macht
meine Finsternis licht.

Denn mit dir
kann ich Wälle erstürmen
und mit meinem Gott
über Mauern springen.

Gottes Wege
sind vollkommen,
des Herrn Worte
sind durchläutert.

Er ist ein Schild allen,
die ihm vertrauen.
Denn wer ist Gott,
wenn nicht der Herr?
Und wer ist ein Fels,
wenn nicht unser Gott?

Gott ist meine starke Burg
und macht meinen Weg
eben und frei.

Er macht meine Füße
gleich den Hirschen
und stellt mich
auf meine Höhen.

2. Samuel 22,30

Unverzagt

Die Balance halten
ist eine Kunst

keiner kommt
als Meister zur Welt

Scheitern gehört dazu

wichtig ist
dass du wieder aufstehst
und den nächsten Schritt wagst

PETRA WURTH

Immer noch größer

Du darfst Gott sagen,
wie groß deine Probleme sind.

Aber danach musst du
deinen Problemen erzählen,
wie groß Gott ist.

AFRIKANISCHES SPRICHWORT

Behütet

Der Herr ist mein Hirte.
Guter Herr und guter Hirte.

Ohne ihn wäre ich nicht;
er gab mir das Leben.
Ohne ihn wäre ich nichts;
er nennt mich beim Namen.

Darum bin ich,
bin ich sein.
Ich bin sein
und er ist mein.

Immer
ist er bei mir,
näher als mein eigenes Herz.

Vor mir,
neben mir,
um mich,
über mir
mit seiner Güte
hütet er mein Leben.

Was auch mit mir ist,
mein Hirte ist der Herr.

JOHANNES HANSEN
ZU PSALM 23

Die richtigen Schuhe

Bete und rechne mit Gott!
Geh weiter!
Die Antwort findest du
auf dem Weg.
Halte die Augen auf!

Er wird dir einen Engel senden,
der dir vorausgeht, der dich schützt
und dich an den Ort bringt,
den Gott für dich bestimmt hat.
Finde die passenden Schuhe!

Manchmal sieht es so aus,
als könntest du in deinem Leben
nicht so richtig Fuß fassen.

Du fühlst dich unfähig, weiterzugehen.
Der Weg scheint dir zu schwer
und die Berge zu hoch.

Kannst du dein Leben
überhaupt leben?

Ja, du musst nur
die passenden Schuhe finden,
in denen du gehen kannst.

Dann wirst du Berge erobern
und auf neuen Pfaden
mit neuem Eifer
der Sonne
entgegenlaufen.

ANKE WILL

Die Königswürde

Ich habe dich erwählt,
weil du unendlich kostbar bist
in meinen Augen.

Du bist unvergleichlich und einmalig.
Ich setze mein Leben für dich ein,
so wichtig bist du mir.

Nimm deinen Platz ein,
da, wo ich dich eingesetzt habe.
Lass dich nicht
durch deine Aufgaben dazu verleiten,
dich minderwertig zu fühlen.

Keine Arbeit braucht dir zu gering sein.
Deine Treue ist wichtig,
auch im Kleinen.
Sei dir deiner Erwählung
täglich gewiss.

Wenn dir Fehler unterlaufen,
komm zu mir und erzähle es mir.
Dann werde ich da sein
und für dich einstehen,
wiedergutmachen
und die Schuld bezahlen.

Geh fröhlich deinen Weg.
Ich werde dich
keinen Moment
im Stich lassen.

Diene an deinem Platz
in der Gewissheit
deiner Königswürde.

Ich selbst stehe zu dir
und habe dir die Krone aufgesetzt
und ich habe dich unendlich lieb.

Der König aller Könige

RUTH HEIL

Hoffnungskraft

Der Vater der Herrlichkeit
trockne deine Tränen,
wenn du verzweifelt bist
über die harten Grenzen
des Lebens.

Dein himmlischer Vater
gebe dir erleuchtete Augen
des Herzens,
damit du erkennst,
zu welcher Hoffnung
du berufen bist:
dass Gott auch dann noch
Wege für dich hat,
wenn du nicht weiter weißt.

Gott wird dir
das ewige Leben geben,
wo alles gut sein wird
und nach seinem Willen geschieht.

Mögest du schon heute
aus dieser Hoffnungskraft leben.

REINHARD ELLSEL
ZU HESEKIEL 34,16

Ich will das Verlorene wieder suchen
und das Verirrte zurückbringen und das
Verwundete verbinden und das Schwache
stärken und, was fett und stark ist, behüten;
ich will sie weiden, wie es recht ist.
HESEKIEL 34,16

Licht in dunkler Nacht

Möge Gott in der Nacht
zu deiner Rechten wachen.

Gott sei den ganzen Tag dort,
wo du bist.

Er sei in deinem Herzen
und scheide nie von dir.

Möge Gottes Macht
dir Licht schicken
in dieser dunklen Nacht.

IRISCHER SEGENSWUNSCH

Segen über dir

Der Herr
segne dich
und behüte dich;

der Herr
lasse sein Angesicht
leuchten über dir
und sei dir gnädig;

der Herr
hebe sein Angesicht
über dich
und gebe dir
Frieden.

4. Mose 6,24-26

Textrechte

S. 20, 22, 34, 41, 42, 47, 50, 56, 58, 64, 78, 92
     Kawohl Verlag, Wesel

S. 24, 28, 76
     Neue Genfer Übersetzung - Neues Testament
     und Psalmen. © 2011 Genfer Bibelgesellschaft

S. 26 aus: Sei gesegnet und behütet,
     Kawohl Verlag, Wesel

S. 27, 36, 61
     aus: Alles hat seine Zeit, Kawohl Verlag, Wesel

S. 30, 73
     aus: Ein Lächeln begleite deinen Tag,
     Kawohl Verlag, Wesel

S. 32 aus: CD "Gott ist hier", © Adlib Music,
     46483 Wesel

S. 38, 98
     Ruth Heil

S. 39, 46, 62, 69, 86
     aus: Sei gesegnet, Kawohl Verlag, Wesel

S. 40, 90, 103

Die Bibel nach Martin Luthers Übersetzung, revidiert 2017, © 2016 Deutsche Bibelgesellschaft, Stuttgart

S. 44, 94

aus: Am Ende dieses langen Tages, Kawohl Verlag, Wesel

S. 48 Reinhard Ellsel

S. 52, 85

aus: Ruth Heil, Geliebter kleiner Schatz, mediaKern GmbH, Wesel

S. 53 aus: Ich wünsche Dir von Herzen einen guten Tag, Kawohl Verlag, Wesel

S. 54 © Adlib Music, 46483 Wesel

S. 60 aus: Ruth Heil, Weil du so wertvoll bist, mediaKern GmbH, Wesel

S. 67 aus: CD "Das Geschenk der Perlen", © Adlib Music, 46483 Wesel

S. 68 Gute Nachricht Bibel, revidierte Fassung, durchgesehene Ausgabe, © 2000 Deutsche Bibelgesellschaft, Stuttgart

S. 70 aus: Tägliche Audienz bei Gott, Kawohl Verlag, Wesel

S. 74, 97
      aus: Blühe auf, du schaffst das,
      Kawohl Verlag, Wesel

S. 80 aus: Atme auf – du bist geliebt,
      Kawohl Verlag, Wesel

S. 82 aus: Ein Päckchen voller Dank,
      Kawohl Verlag, Wesel

S. 84 Unbekannt

S. 88 aus: Getröstet und begleitet,
      Kawohl Verlag, Wesel

S. 100 aus: Gottes Segen leuchte über dir,
      Kawohl Verlag, Wesel

Kleine Mutmacher für Dich

Der Vorgänger-Band von
"Kleine Mutmacher für heute"
mit vielen wohltuenden Texten
für mehr Rückenwind.
Hardcover, 112 Seiten,
10,5 x 15,5 cm
ISBN 978-3-86338-026-7

Jedes Jahr neu!

Die Kalender zur
"Kleinen Mutmacher-Mail"

Kleiner Mutmacher für heute

Der Terminkalender mit
Rückenwind-Worten
Double-Size-Terminer,
21 x 30 (bzw. 60) cm,
Bestell-Nr. 484.495

Kleiner Mutmacher für dich

Postkarten-Kalender mit
Rückenwind-Worten, 12 x 21 cm
Bestell-Nr. 484799

Bücher und Kalender der beteiligten Autoren
und viele weitere ermutigende Texte,
z. B. auch auf Karten, Tassen und Geschenkartikeln,
finden Sie in unserem Verlagsprogramm.

Fragen Sie nach Kawohl-Produkten
oder fordern Sie Prospekte an.

kawohl